BEI GRIN MACHT SICH IHR WISSEN BEZAHLT

AF148953

- Wir veröffentlichen Ihre Hausarbeit, Bachelor- und Masterarbeit

- Ihr eigenes eBook und Buch - weltweit in allen wichtigen Shops

- Verdienen Sie an jedem Verkauf

Jetzt bei www.GRIN.com hochladen und kostenlos publizieren

Marianne Kupetz

Rezension des Buches "Vergessener Völker Müdigkeiten"

GRIN Verlag

Bibliografische Information der Deutschen Nationalbibliothek:

Die Deutsche Bibliothek verzeichnet diese Publikation in der Deutschen National-
bibliografie; detaillierte bibliografische Daten sind im Internet über http://dnb.d-
nb.de/ abrufbar.

Impressum:

Copyright © 2013 GRIN Verlag GmbH
Druck und Bindung: Books on Demand GmbH, Norderstedt Germany
ISBN: 978-3-656-61775-4

Dieses Buch bei GRIN:

http://www.grin.com/de/e-book/270428/rezension-des-buches-vergessener-voelker-
muedigkeiten

GRIN - Your knowledge has value

Der GRIN Verlag publiziert seit 1998 wissenschaftliche Arbeiten von Studenten, Hochschullehrern und anderen Akademikern als eBook und gedrucktes Buch. Die Verlagswebsite www.grin.com ist die ideale Plattform zur Veröffentlichung von Hausarbeiten, Abschlussarbeiten, wissenschaftlichen Aufsätzen, Dissertationen und Fachbüchern.

Besuchen Sie uns im Internet:

http://www.grin.com/

http://www.facebook.com/grincom

http://www.twitter.com/grin_com

Friedrich Schiller-Universität Jena
Philosophische Fakultät
Bereich für Volkskunde/Kulturgeschichte
Seminar: Grundkurs Volkskunde

Semester: Wintersemester 2012/13

Essay Nr. 4: Buchrezension

Christoph Lingg/Susanne Schaber:

Vergessener Völker Müdigkeiten.

Friedhöfe in den Kronländern der ehemaligen k.u.k. Monarchie

Verfasser: Marianne Kupetz

Jena, 13.01.2013

Sie besitzen viele Namen: „Cmentarz, Cimitero, Temetö, Grôblje, Lechguarten, Cimitir, Cintorín" und andere. Jedoch haben sie eine Gemeinsamkeit: Sie sind verlassen, überwuchert, verfallen und vom Vandalismus gezeichnet. Die meisten befinden sich außerhalb ehemaliger Stadtmauern, im Mittelalter entstanden, geprägt von Pest und Seuchen, von Flucht und Vertreibung, vom Nationalsozialismus und politischer Neuordnung. Bei vielen reißt die Belegung um 1940 schlagartig ab. Die Rede ist von verlassenen und wiederentdeckten Friedhöfen in den sogenannten früheren österreichischen Kronländern Ungarn, Tschechien, Slowenien, Kroatien, Norditalien, Bosnien und Rumänien.

Die Wiener Autoren Christoph Lingg und Susanne Schaber sind durch diese ehemaligen „k.u.k.-Länder"[1] gereist, um alte Friedhöfe aufzusuchen und fremde Trauer- und Todesrituale kennenzulernen. Dabei haben sie die glanzvollen Park- und Grablandschaften von Prag, Lembach, Laibach und Triest fotografisch dokumentiert und sehr romantisierend beschrieben. Mit einer gewissen Dramaturgie berührt Susanne Schaber das Herz des Lesers, indem sie auch die zerstörten Friedhöfe von Czernowitz und Budapest-Kerepesi, sowie die verminten und vom Bürgerkrieg gezeichneten Gräberfelder von Sarajewo und Mostar umschreibt. Jene Orte geben dem Betrachter einen breiten Einblick in die Sozial- und Kulturgeschichte der früheren Habsburger Monarchie. Die noch vorhandenen Grabsteine zeugen vom friedlichen Zusammenleben mehrerer Völker und deren Religionen und regen den Leser zum Nachdenken an, wieso es ein solches Miteinander von Menschen verschiedener Religionen heutzutage nicht zu geben scheint.

Das Werk *„Vergessener Völker Müdigkeiten. Friedhöfe in den Kronländern der ehemaligen k.u.k. Monarchie"* ist eine Gemeinschaftsarbeit des freischaffenden Fotografen Christoph Lingg und der Kulturjournalistin Susanne Schaber, erschienen 2000 im Picus-Verlag. Auf 137 Seiten in festem Einband gibt es zahlreiche Schwarz-Weiß-Fotografien, die die 20 zum Teil kurzen Kapitel und den Prolog kunstvoll begleiten. Die Schreibart entspricht vorwiegend der eines Reiseberichts. Besprochen wird nicht nur das Aussehen eines jeden Friedhofs oder Gräberfeldes, sondern auch dessen Geschichte und das heutige und damalige Leben „drumherum". In einigen Kapiteln leiten poetische Gedichte, sowie kurze Zeitzeugen- und Anwohnerzitate die friedsamen Orte ein, was eine willkommene Auflockerung des doch recht ernsten Themas bewirkt. Ein Beitrag ist dem bekannten Schriftsteller Franz Kafka gewidmet, der auf dem Neuen Jüdischen Friedhof in Prag-Strašnice begraben liegt. Hier wird weniger das Grab selbst beschrieben, sondern primär das Leben und Sterben der hier gewürdigten Persönlichkeit.

---

1 Abkürzung für „kaiserlich und königlich".

Im Kapitel *„Wein mit einer Leiche"* geht Susanne Schaber ausführlich auf die Begräbnissitten der jüdischen Ashkenasen in Südosteuropa ein, und stellt damit den Kontrast zwischen den christlichen (im Vergleich dazu kurzen) Riten und der jüdischen, sehr aufwendigen Trauer- und Bestattungskultur heraus.

Besonders aufschlussreich wird im Kapitel *„Wie übersiedelt man einen Toten. Das bewegte Leben der Friedhöfe"* die Geschichte und Entstehung der Gräberfelder und Friedhöfe am Beispiel des Totenacker von Mikulov (Nikolausburg) beschrieben. Dabei kam es des öfteren zu Streitigkeiten zwischen Kirche und weltlichem Herrscher. Im frühen Mittelalter bestattete man noch innerhalb der Stadtmauern, oft nah bei der Kirche oder direkt darin. Dieser Brauch wurde zum Problem, als Krieg, Pest und andere Seuchen um sich griffen und die Zahl der Toten rapide anstieg. Die Kirchhöfe und -gärten wurden überbelegt und man suchte nach neuen Flächen für die letzte Ruhe der geliebten Verwandten. Sodann verlegte man die Friedhöfe auf Hügel oder Anhöhen außerhalb der Stadt. Vor allem in jüdischen Gemeinden war dies gebräuchlich. Doch nicht nur aus Platzgründen, sondern auch der Hygiene wegen wollte man den Toten ein gesondertes Areal geben, da der Glaube bestand, dass Pest und Cholera den Boden vergifteten, auf den die Lebenden gehen. Ebenso war die Verbrennung der Toten (wohl wieder aus Platz-und Hygienegründen) eine Schändlichkeit der christlichen Kirche gegenüber. Der Leichnam sollte schließlich unversehrt zu Gott gelangen. Im 19. Jahrhundert erst schaffte es dieser Brauch in Südosteuropa zu allgemeiner Akzeptanz.

Das Beinhaus von Kutná Hora, welches im treffenden Kapitel *„Knöcherne Welten"* beschrieben wird, fesselt den Leser vor allem durch seine Fotografien. Hierbei geht es um eine Art Kapelle, deren Innenverzierung nur aus den haltbar gemachten Überresten Verstorbener besteht. Wände, Kronleuchter und Altar wurden um 1870 aus menschlichen Knochen und Schädeln konstruiert und geben dem Betrachter ein schauerliches Bild wider. Leider wurden diesem Kapitel nur vier Buchseiten gewidmet, von denen drei mit Bildern versehen sind, so dass der Leser wenig über den Brauch und die Geschichte des Beinhauses erfährt und etwas stehen gelassen wird mit seinen Fragen. Besonders bei so einem seltenen Gebäude hätte man sich mehr Hintergrundinformation gewünscht.

Dafür hat Susanne Schaber die Thematik des Bürgerkrieges in Sarajewo um 1992 in den Kapiteln *„Frontlinien"* und *„Fried-Höfe"* anschaulich und wieder sehr emotional aufgegriffen. Es wird das Leben der 30-jährigen Serbo-Kroatin Michelle Grujic biografisch erzählt. Sie ist als Kind bosnischer Eltern in Deutschland geboren und mit ihnen ein Jahr vor Kriegsausbruch wieder in deren alte Heimat gezogen. Dort hat sie den Krieg aus nächster Nähe miterleben müssen, viel Leid und den Verlust der Eltern erfahren, ihre Freunde verloren und wurde als geborene Deutsche nahezu überall verstoßen. Doch nicht nur ihr Leben wird geschildert, sondern auch das des jüdischen Friedhofs oberhalb der Stadt, von welchem der Beschuss auf die Bevölkerung primär ausging. Die „seltsam-klobigen" Grabsteine der jüdischen Kultur boten für die Schützen eine gute Deckung. Der Friedhof galt als Frontlinie. Noch heute, so die Autorin, sind die Spuren des Krieges deutlich an den Grabsteinen zu sehen und dienen somit auch als Mahnmale.

Zusammenfassend betrachtet, bietet dieses Buch einen guten Einstieg in die Thematik der jüdischen, christlich-orthodoxen und muslimischen Bestattungskultur und fesselt den Leser vor allem durch seine eindrücklichen Fotografien, welche ganz klar im Vordergrund stehen. Die Informationen darin sind wissenschaftlich begründet und durchdacht, wenn auch oft zu romantisch und narrativ ausgeführt, was bei der Recherche nach geeigneter Forschungsliteratur behindern könnte. Dem Werk selbst hätte es gut getan, wenn die Kapitelanzahl weniger, dafür die Beschreibung der Grabstätten etwas großzügiger ausgefallen wäre. Dennoch ist es ein empfehlenswertes Buch, welches am Ende doch recht nachdenklich stimmt.